DE LA

RÉUNION

DE

L'Enseignement du Droit fiscal

A

L'ENSEIGNEMENT DU DROIT CIVIL

PAR M. DUCRUET

ANCIEN PRÉSIDENT DE LA CHAMBRE DES NOTAIRES DE LYON

Auteur des *Etudes sur la loi de transcription*

LYON

IMPRIMERIE MOUGIN-RUSAND

3, Rue Stella, 3

1887

JURISPRUDENCE DOCTRINALE

DE LA RÉUNION

DE

L'Enseignement du Droit fiscal

A

L'ENSEIGNEMENT DU DROIT CIVIL

PAR M. DUCRUET

ANCIEN PRÉSIDENT DE LA CHAMBRE DES NOTAIRES DE LYON

Auteur des *Etudes sur la loi de transcription*

LYON

IMPRIMERIE MOUGIN-RUSAND

3, Rue Stella, 3

1887

DE LA

Réunion de l'enseignement du Droit fiscal

à

L'ENSEIGNEMENT DU DROIT CIVIL

« Tous les actes destinés à former titres ou preuves « d'une convention, sont soumis au timbre, par la loi du « 13 brumaire an VII, et à l'enregistrement, par celle du « 22 frimaire an VII. — La mission de cette obligation a « donné lieu à des amendes, tantôt fixes, tantôt propor- « tionnelles, dont le chiffre est souvent très considérable.

« L'enregistrement a pour base la nature et les effets « du droit civil tels qu'ils sont définis par la loi civile ; il y « a donc une liaison intime et nécessaire entre le droit fis- « cal et le droit civil, qu'il est nécessaire de faire connaître « par un enseignement spécial. »

Exposé des principes élémentaires de la loi du 22 frimaire an VII.

Art. 1er. — Les droits d'enregistrement seront perçus d'après les bases et suivant les règles déterminées par la présente loi.

Art. 2. — Les droits d'enregistrement sont fixes ou proportionnels, suivant la nature des actes et mutations qui y sont assujettis.

Art. 3. — Le droit fixe s'applique aux actes, soit civils, soit judiciaires ou extrajudiciaires, qui ne contiennent ni obligation, ni libération, ni condamnation, collocation ou liquidation de sommes et valeurs, ni transmission de propriété, d'usufruit ou de jouissance de biens meublés ou immeubles.

Il est perçu aux taux réglés par l'art. 68 de la présente.

Art. 4. — Le droit proportionnel est établi pour les obligations, libérations, condamnations, collocations ou liquidations des sommes et valeurs, et pour toute transmission de propriété, d'usufruit ou de jouissance de biens meubles et immeubles, soit entre vifs, soit par décès.

Ses quotités sont fixées par l'art. 69.

Il est assis sur les valeurs.

Art. 9. — Lorsqu'un acte translatif de propriété ou d'usufruit, comprend des meubles et immeubles, le droit d'enregistrement est perçu sur la totalité du prix, au taux réglé pour les immeubles, à moins qu'il ne soit stipulé un prix particulier pour les objets mobiliers, et qu'ils ne soient désignés et estimés article par article dans le contrat.

Art. 10. — Dans le cas de transmission de biens, la quittance donnée, ou l'obligation consentie par le même acte, pour tout ou partie du prix entre les contractants, ne peut être sujette à un droit particulier d'enregistrement.

Art. 11. — Mais lorsque, dans un acte quelconque, soit civil, soit judiciaire ou extrajudiciaire, il y a plusieurs dispositions indépendantes, ou ne dérivant pas nécessairement les unes des autres, il est dû pour chacune d'elles et selon son espèce un droit particulier ; la quotité en est déterminée par l'article de la présente dans lequel la disposition se trouve classée, ou auquel elle se rapporte.

Cet article a donné lieu à interprétation.

L'état de dépendance peut-il dériver de la convention, ou ne doit-il être admis que dans le cas où la loi elle-même l'indique ?

Par exemple : un acte contient d'abord l'emprunt d'une somme déterminée avec terme pour le paiement, puis condition que la somme empruntée sera employée au paiement d'une obligation antérieure, au profit d'un créancier dont la créance est échue, lequel intervient et subroge le prêteur dans tous ses droits et hypothèques.

Dans cette hypothèse, l'Administration reconnaît que ces clauses sont dépendantes les unes des autres, et elle ne perçoit qu'un seul droit, celui d'obligation.

Mais il en est autrement dans le cas où le créancier ancien, dont la créance est échue, cède ses droits à un tiers qui lui est subrogé, et où le débiteur primitif intervient pour accepter le transport et convenir d'un nouveau terme pour le paiement. — Dans ce cas le fisc interprète l'acte, dans le sens qu'il contient deux, si ce n'est trois dispositions indépendantes : transport, acceptation et prorogation de terme. Et cependant ces deux formes, quoique diverses, produisent exactement le même effet.

Art. 12. — La mutation d'un immeuble en propriété ou usufruit, sera suffisamment établie pour la demande du droit d'enregistrement et la poursuite du paiement contre le nouveau possesseur, soit par l'inscription de son nom au rôle de la contribution foncière, et des paiements par lui faits d'après ce rôle, soit par des baux par lui passés, ou enfin par des transactions ou autres actes constatant sa propriété ou son usufruit.

Art. 13. — La jouissance à titre de ferme, ou de location, ou d'engagement d'un immeuble, sera aussi suffisamment établie pour la demande et la poursuite du paiement du droit des baux ou engagements non enregistrés par les actes qui la feront connaître, ou par des paiements de contributions imposés aux fermiers, locataires et détenteurs temporaires.

Art. 14. — Cet article détermine le mode de perception du droit proportionnel sur les valeurs mobilières, dans le cas où il est exigible.

Art. 15. — Il fixe le mode de perception du droit proportionnel sur les valeurs immobilières, avec cette distinction que le droit est exigible sur le revenu multiplié par 20 ou 25, en ce qui concerne les transmissions, ou par vifs, ou par décès. Il en est de même en matière d'échange.

Les autres transmissions ont pour base le prix stipulé, ou la valeur vénale, si le prix paraît insuffisant.

Art. 16. — Si les sommes et valeurs ne sont pas déterminées dans un acte ou un jugement donnant lieu au droit proportionnel, les parties seront tenues d'y suppléer avant l'enregistrement, par une déclaration estimative certifiée et signée au pied de l'acte.

« Cet art. 16 ne doit-il pas être appliqué aux adjudications sur licitation, dans le cas où un cohéritier ayant droit, par exemple, à un quart de l'hérédité, reste adjudicataire d'un lot immobilier d'une valeur inférieure au quart de la masse héréditaire, et dans le cas où une liquidation définitive n'aurait pas fixé la quotité de son droit dans cette masse ? »

Une première jurisprudence administrative l'avait admis, ou avait ajourné la fixation définitive du droit à percevoir jusqu'à ce que la liquidation du droit héréditaire du colicitant eût lieu dans la masse générale.

Mais la dernière jurisprudence n'admet le cohéritier adjudicataire qu'au bénéfice de l'imputation de sa part virile dans l'immeuble adjugé, si la quotité de ses droits dans la masse héréditaire n'est pas établie par une liquidation ayant un caractère définitif.

Il en résulte que, si le lot adjugé est d'une valeur de 100,000 fr., le cohéritier sera débiteur du droit proportionnel sur 75,000 fr., lors même qu'une liquidation postérieure démontrerait que la masse héréditaire s'élève à plus de 400,000 fr., et que dans la déclaration estimative prescrite par l'art. 16, il eût justifié que les droits de mutation avaient été perçus sur une valeur supérieure à 400,000 fr.

Il faut donc repousser la doctrine de l'administration et reconnaître que le *cohéritier* n'est passible d'un droit de soulte qu'autant que le lot, dont il reste adjudicataire, excède la valeur de ses droits dans la masse générale à partager.

Tel devrait être l'effet de l'art. 883 du Code civil comparé à la loi fiscale qui a établi le droit de soulte sur ce qu'un cohéritier reçoit au-delà de sa part héréditaire.

Art. 17. — Si le prix énoncé dans un acte translatif de propriété ou d'usufruit de biens immeubles, à titre onéreux, paraît inférieur à leur valeur vénale à l'époque de l'aliénation, par comparaison avec les fonds voisins de même nature, la Régie pourra requérir une expertise, pourvu qu'elle en fasse la demande dans l'année, à compter du jour de l'enregistrement du contrat.

Cet article a été complété par la loi du 23 août 1871 en cas de dissimulation du prix réel.

L'art. 17 étend cette disposition aux évaluations de revenus dans le cas de mutations à titre gratuit.

Les art. 20 et suivants déterminent le délai dans lequel doivent être enregistrés les actes et déclarations. Ils distinguent les actes authentiques et ceux portant transmission d'immeubles à titre gratuit ou onéreux, dont l'enregistrement est obligatoire dans un délai déterminé, de ceux faits sous seing privé qui ne contiennent pas de transmissions immobilières.

Cette catégorie d'actes n'est soumise à l'enregistrement que dans le cas où il en est fait usage en justice ou dans un acte public.

Il faut néanmoins en excepter les ventes de fonds de commerce qui, d'après une loi du 28 février 1872, doivent être enregistrés dans les trois mois de leur date.

Du paiement des droits et de ceux qui doivent les acquitter.

Art. 28. Les droits des actes et ceux des mutations par décès seront payés, avant l'enregistrement aux taux et quotités réglés par la présente loi.

Nul ne pourra en atténuer ni différer le paiement, sous le prétexte de contestation sur la quotité, ni pour quelque motif que ce soit, sauf à se pourvoir en restitution s'il y a lieu.

Art. 29. — Les droits des actes à *enregistrer* seront acquittés, savoir :

Par les notaires, pour les actes passés devant eux.

Par les huissiers et autres ayant pouvoir de faire des exploits et procès-verbaux (pour ceux de leur ministère).

Par les greffiers, pour les actes et jugements (sauf le cas prévu par l'art. 37).

Par les secrétaires des administrations centrales et municipales, pour les actes de ces administrations, qui sont soumis à la formalité de l'enregistrement (sauf aussi le cas prévu par l'art. 37.

Par les parties, pour les actes sous signature privée, et ceux passés en pays étranger, qu'elles auront à faire enregistrer; pour les ordonnances sur requêtes ou mémoires, et les certificats qui leur sont immédiatement délivrés par les juges, et pour les actes et décisions qu'elles obtiennent des arbitres, si ceux-ci ne les ont pas fait enregistrer.

Et par les héritiers, légataires et donataires, leurs tuteurs et curateurs et les exécuteurs testamentaires, pour les testaments et autres actes de libéralité à cause de mort.

Art. 30. — Les officiers publics qui, aux termes des dispositions précédentes, auraient fait, pour les parties, l'avance des droits d'enregistrement, pourront prendre exécutoire du juge de paix de leur canton, pour leur remboursement.

L'opposition qui serait formée contre cet exécutoire, ainsi que toutes les contestations qui s'élèveraient à cet égard, seront jugées conformément aux dispositions portées par l'art. 65 de la présente, relatif aux instances poursuivies au nom de la nation.

Art. 31. — Les droits des actes civils et judiciaires emportant obligation, libération ou translation de propriété, ou d'usufruit de meubles ou immeubles, seront supportés par les débiteurs et nouveaux possesseurs, et ceux de tous les autres actes le seront par les parties auxquelles les actes profiteront, lorsque dans ces divers cas, il n'aura pas été stipulé de dispositions contraires dans les actes.

Art. 32. — Les droits des déclarations des mutations par décès seront payés par les héritiers, donataires ou légataires.

Les cohéritiers seront solidaires.

La nation aura action sur les revenus des biens à déclarer, en quelques mains qu'ils se trouvent, pour le paiement des droits dont il faudrait poursuivre le recouvrement.

Les articles 28 à 32 donnent lieu à l'examen des questions suivantes :

1° Le notaire dont l'acte a été enregistré, moyennant le versement d'une somme acceptée par le receveur, est-il tenu au paiement d'une somme supérieure après l'enregistrement, ou le receveur n'a-t-il action que contre les parties pour le supplément qu'il croit exigible ?

L'affirmative a été décidée par un jugement du Tribunal civil de Lyon, en date du 11 avril 1880 auquel l'administration a acquiescé par délibération en date du 26 octobre suivant.

2° L'article 31 qui prononce par qui les droits seront supportés, est-il un obstacle à la solidarité des parties vis-à-vis de l'Administration?

La négative est adoptée par la jurisprudence, nonobstant la disposition de l'art. 32, qui paraît limiter la solidarité aux héritiers.

3° La disposition de l'art. 29, qui met l'enregistrement des testaments et autres actes de libéralité, à la charge des des *tuteurs et curateurs, des héritiers légataires ou donataires*, peut-il être étendu aux curateurs de successions vacantes ?

C'est une question excessivement grave sur laquelle nous ne pouvons admettre les décisions de la Cour de cassation, malgré leur autorité imposante.

Par sa jurisprudence constante, cette Cour a ajouté une quatrième classe d'héritiers irréguliers, aux trois classes établies par le Code civil, et cette quatrième classe a été créée sous le nom de l'hérédité représentée par le curateur, dans le but de mettre à la charge de ce nouvel héritier et du curateur qui le représenterait, le paiement des droits de mutation sur la valeur de l'hérédité elle-même, au préjudice des créanciers du *de cujus*.

Cette innovation a été consacrée par plusieurs arrêts en date des 19 ventôse, an X, 17 pluviôse, 5 floréal et 19 thermidor, an XIII, des 15 juillet 1806 et 4 août 1807, qui ont adopté une jurisprudence contraire à celui du 9 prairial, an VI, et en dernier lieu, par un arrêt du 21 octobre 1886, cassant un jugement du Tribunal de Fontainebleau, qui avait déclaré que l'état de vacance était la preuve de l'absence d'héritiers, et qu'en cette absence, l'administration n'avait aucun débiteur des droits de mutation.

Par ce motif, le Tribunal de Fontainebleau avait rejeté la demande en collocation de l'Administration sur le prix des biens de la succession vacante, pour le paiement des droits d'une transmission qui n'avait pas eu lieu.

Il y aurait encore à examiner si, par l'effet de la séparation des patrimoines, les créanciers du *de cujus* n'étaient pas préférables à l'administration, simple créancière de l'héritier, quel qu'il soit.

4° Quelle est la nature et quel est l'effet de l'action accordée au trésor, par le dernier paragraphe de l'art. 32 ? Cette action constitue-t-elle un privilège ou un simple droit semblable à celui de tout créancier sur les biens de son débiteur ?

A cet égard il y a lieu de mettre en évidence l'interprétation donnée à l'article 32, par l'avis du Conseil d'Etat du 21 septembre 1810, dont voici le texte.

Avis du Conseil d'Etat du 21 septembre 1810.

Le Conseil d'Etat qui, d'après le renvoi ordonné par Sa Majesté, a entendu le rapport des sections des finances et de la législation sur celui du ministre des finances, présentant la question de savoir, si les droits de mutation par décès, ainsi que le droit et demi-droit en sus, dont la peine est prononcée par l'art. 39 de la loi du 22 frimaire an VII, peuvent être exigés des tiers-acquéreurs, lorsqu'ils n'ont pas été acquittés par les héritiers, donataires ou légataires.

Vu les articles 32 et 39 de la même loi du 22 frimaire an VII.

Vu aussi l'art. 38 de la même loi du 22 frimaire, an VII.

Vu pareillement l'avis du Conseil d'Etat, approuvé par Sa Majesté, le 9 février 1809, portant que le double droit d'enregistrement dû en exécution du susdit art. 38, peut être exigé des héritiers et représentants de celui qui a contracté, ou de tout autre.

Considérant : 1° relativement au droit principal, que l'art. 22 précité ne concerne que les personnes dénommées au paragraphs 1er, c'est-à-dire, les héritiers, donataires ou légataires :

Que les deux paragraphes suivants n'ont pour objet que d'expliquer les obligations qui résultent de la disposition principale, pour chacune de ces mêmes personnes, savoir : pour les cohéritiers, la solidarité, et pour tous, même pour les donataires ou légataires à titre particulier, l'affectation des revenus au paiement du droit, et que cet article ne peut regarder en rien les tiers-acquéreurs ;

2° En ce qui concerne le droit et le demi-droit en sus, que la rédaction de l'art. 39 précité, prouve de plus en plus que la loi ne s'est point occupée des tiers-acquéreurs ; il n'y est question que des héritiers, donataires ou légataires, comme dans l'art. 32. — Si la loi avait entendu comprendre les tiers-acquéreurs, dans les dispositions des art. 32 et 39, elle l'aurait déclaré par une disposition expresse, puisque celles des art. 32 et 39 ne peuvent s'appliquer à eux ; ce n'est pas en effet aux tiers-acquéreurs à faire des déclarations de mutation par décès, et les peines, pour omission de biens ou insuffisance d'estimation, ne peuvent s'appliquer à eux, puisqu'ils ne sont point tenus à ces formalités ;

3° Que l'avis du conseil d'état approuvé par Sa Majesté, le 9 février 1810, interprétatif de l'art. 38 de la loi du 22 frimaire an 7, n'est applicable qu'à cet article.

Dans le cas de l'article 38 le double droit n'est dû qu'à cause des actes consommés, la loi ne s'y est point occupée des personnes.

L'art. 39, au contraire ne parle que des héritiers, donataires ou légataires qui n'ont pas rempli les formalités exigées : cette différence, dans ces deux cas, en apporte nécessairement dans l'application de l'avis précité :

Est d'avis.

Que ni pour le droit principal dû à cause de mutation par décès, ni conséquemment pour le droit et le demi-droit en sus, dont la peine est prononcée par l'art. 39 de la loi du 22 frimaire an 7, l'action accordée par l'art. 32 de cette loi, ne peut être exercée au préjudice des tiers-acquéreurs.

Cette interprétation a acquis force de loi par son insertion au bulletin des lois, au terme des constitutions de l'Empire.

Ne doit-on pas en conclure que l'art. 32 de la loi de frimaire, ne règle que les rapports du trésor avec les héritiers donataires ou légataires ;

Qu'il est étranger aux créanciers du *de cujus*, comme aux acquéreurs ; qu'il ne crée aucun privilège à l'égard des créanciers dont les droits restent soumis à la loi commune, et enfin que le trésor est uniquement créancier des héritiers donataires ou légataires, et non du *de cujus*, ni de sa succession ; que l'action énoncée en l'art. 32, est de la même nature que celle accordée à tout créancier sur les biens de son débiteur, et que la loi fiscale ne préjuge rien sur les questions de privilège ou de préférence entre les créanciers du *de cujus* et ceux des héritiers?

Malgré cette interprétation de l'article 32, qui lui refuse un droit de suite sur les biens sortis des mains des héritiers et qui limite son action au revenu des biens existant au pouvoir de ses débiteurs et nonobstant l'article du Code civil, 2093, qui déclare que tous les biens d'un débiteur sont le gage commun de ses créanciers, l'Administration de l'enregistrement a persisté à prétendre que l'action limitée que lui accorde l'art. 32, constituait à son profit un véritable privilège qui la rendait préférable, pour le paiement des droits de mutation, aux créanciers du *de cujus*, comme à ceux des héritiers.

Elle a fait adopter cette doctrine par la Cour de Paris, en invoquant sa substitution au droit féodal des seigneurs de l'ancien régime, qui avaient droit à chaque mutation de propriété, à une partie de la valeur de l'immeuble transmis.

Une autre cour, saisie de la même question, a jugé, au contraire, que le droit féodal avait été aboli, avec toutes ses conséquences, par la révolution de 1789, et que les citoyens n'étaient soumis qu'au paiement de l'impôt établi par les lois de finance.

Ces deux arrêts ont été soumis à la Cour de cassation, qui, par arrêts du 23 juin 1857, a cassé celui de la Cour de Paris et rejeté le pourvoi contre celui de l'autre Cour.

On lit dans ces arrêts les motifs suivants : Vu les art. 29 paragraphe 1er, 32 paragraphe 1er et 2me, 33 paragraphe 1er de la loi du 22 frimaire an 7, et 2093-98 du Code Napoléon;

« Attendu que les biens d'un débiteur sont le gage commun de ses créanciers (art. 2093, Code Nap.) ; qu'aucune cause de préférence, aucun privilège ne peut, par dérogation à ce principe d'égalité, exister qu'en vertu d'une dissition de la loi ;

« Qu'il n'est donc pas permis de chercher ni dans l'origine, ni dans la nature du droit qui se prétend privilégié, une raison de préférence qui ne serait pas écrite dans une loi ;

« Qu'il n'y a pas à distinguer, à cet égard, entre un impôt, quel qu'il soit, et toute autre créance de l'Etat ;

« Que le droit de mutation par décès n'a pas, sous ce rapport, de garanties particulières qui procèdent de son origine ou qui soient inhérentes à sa nature ;

« Que, s'il est possible de le rattacher historiquement par quelques traits d'analogie à certaines redevances féodales, telles que celles de relief ou de rachat, il en diffère essentiellement par son principe et par son objet ;

« Attendu, en effet, que ces redevances supposant une concession primitive, dont elles auraient été la condition et le prix, impliquaient une division de la propriété féodale en deux parts : l'une dominante, qui, sous le nom de domaine direct ou éminent, restait au suzerain ; l'autre subordonnée et dépendante, qui, sous le nom de domaine utile, aurait été seule l'objet de la concession et ne devait passer aux successeurs des concessionnaires que sous la condition d'une investiture présumée ; que, représentant ainsi aux mains du seigneur le caractère le plus élevé du droit de propriété, elles constituaient, par une conséquence de leur nature et par leur objet, un droit réel contre lequel ne pouvait prévaloir aucun droit du chef du vassal; que toutefois cette théorie, contraire à l'essence même du droit de propriété, n'était point absolue et s'appliquait seulement à la propriété inféodée, respectant ainsi la plénitude et l'indépendance de ce droit dans la propriété allodiale, soit qu'elle fût constituée par un titre là où dominait la maxime ; « Nulle terre sans seigneur » ; soit qu'elle fût de droit, en l'absence d'un titre d'inféodation là où avait prévalu la maxime : « Nul seigneur sans titre » ;

« Attendu que l'impôt de mutation par décès n'offre avec ces anciennes redevances aucun trait juridique de ressemblance; que, pour lui attribuer les caractères d'un droit réel devant s'exercer à titre de prélèvement plutôt qu'à titre de créance sur les biens à déclarer, il faudrait, à défaut d'une loi, le supposer dérivant d'un droit de propriété ou de copropriété de l'Etat, et le considérer comme la condition d'une concession primitive et le prix d'une investiture nécessaire à chaque mutation ;

« Qu'une semblable thèse, empruntée au régime féodal

**

avec une extension qu'elle ne comportait pas même alors, serait non seulement un démenti à la vérité historique, mais aussi une négation de tous les principes de notre droit public et de notre droit civil, soit sur la nature et les conditions d'existence de l'impôt, soit sur la plénitude et l'indépendance du droit de propriété, tel qu'il est défini avec une énergique précision par les art. 544 et 545 du Code Nap. ;

« Attendu que, à défaut d'un droit de prélèvement, on ne saurait trouver le principe d'un simple privilège dans l'analogie du droit de mutation par décès avec l'impôt du centième denier, établi d'une manière générale par l'édit de décembre 1703 et par la déclaration de mars 1708, pour toute autre annulation de droit réel immobilier ; que cet impôt et les anciens droits de contrôle ayant été abolis par la loi du 5 décembre 1790, les garanties ou privilèges dont ils avaient pu jouir, ne leur ont pas survécu ;

« Qu'ainsi les droits d'enregistrement substitués avec une organisation toute nouvelle à ces anciens impôts, n'ont d'autres garanties ou privilèges que ceux qui sont réglés par les lois de leur organisation et spécialement par la loi du 22 frimaire an VII, laquelle après avoir ordonné, par son art. 1er, que les droits d'enregistrement et toutes dispositions d'autres lois y relatives sont et demeurent abrogées pour l'avenir ;

« Attendu que le droit de mutation, comme toute autre contribution publique, procède de l'obligation personnelle de tout citoyen de concourir, par le sacrifice d'une portion de son revenu, aux moyens que le vote annuel du corps législatif met à la disposition de l'Etat, pour accomplir, envers la liberté et la propriété de chacun, sa mission sociale de protection et de défense, qui est l'un des attributs de la souveraineté ;

« Qu'ainsi caractérisé par son principe et par son objet, l'impôt, quel qu'il soit, loin de supposer une propriété imparfaite et subordonnée, est la plus éclatante confirmation du droit naturel de propriété ;

« Qu'il constitue donc par lui-même, non un droit réel sur les biens du redevable, mais une obligation purement personnelle de celui-ci ;

« Attendu que ce caractère est expressément attribué à l'impôt de mutation par les dispositions de la loi du 22 frimaire an VII ;

« *Que, aux termes des art. 29, 32 et 39 de cette loi, il « est à la charge des héritiers, donataires et légataires qui « sont personnellement tenus de payer les droits des décla- « rations de mutations par décès ;*

« *Que c'est une contribution indirecte qui constitue ainsi, « vis-à-vis de l'Etat, une dette personnelle des héritiers, « puisqu'elle a pour cause unique la transmission faite en « leur faveur.* »

Le principe que le paiement des droits de mutation constitue une dette personnelle à l'héritier a été confirmé par l'arrêt de la Cour de cassation du 24 juin 1857, qui a décidé, que l'héritier même bénéficiaire ne peut en faire le prélèvement sur l'actif de la succession, au préjudice des créanciers dont il est le gage, en vertu de la séparation des patrimoines. Mais cette doctrine, seul vraie, paraît avoir été abandonnée par la Cour de cassation qui, par arrêt du 2 juin 1869, a admis les droits de mutation au nombre des dettes de la succession, quoique le *de cujus* n'y fut pas tenu et n'y fût pas obligé de son vivant, et que cette dette toute nouvelle fût le prix de la saisine accordée à l'héritier postérieurement à l'ouverture de la succession. L'administration, encouragée par ce succès, n'a cessé de proclamer bien haut qu'elle était créancière privilégiée, non seulement de l'héritier, mais aussi de la succession par lui recueillie; elle a réussi à faire admettre ce privilège par le Tribunal de Villefranche (Rhône), pour le paiement des droits de mutation réclamés à une succession vacante qui ont été colloqués sur le prix principal des immeubles vendus à des tiers-acquéreurs qui n'étaient plus au pouvoir de l'héritier putatif, et ce, au préjudice des créanciers hypothécaires inscrits du vivant du *de cujus*. — Une pareille perception ouvertement contraire, soit à l'art. 32 de la loi du 22 frimaire, soit surtout à celui du conseil d'Etat du 21 septembre 1810, constitue évidemment une perception irrégulière, dont la restitution pourrait être demandée par le créancier hypothécaire, sur lequel les fonds ont manqué.

Elle ne peut être expliquée que par l'ignorance absolue des principes du droit fiscal posés dans l'art.32 de la loi de frimaire et dans l'avis du conseil d'Etat qui l'a interprêté.

La distinction, entre les effets de la société constituée conformément à la loi du 29 jnillet 1867, et l'état de communauté ou d'indivision, peut avoir les effets inconnus des parties intéressées qui en seraient les victimes.

Un exemple effrayant s'est produit, il y a quelques années. — En droit rigoureux, la société forme seule un être moral qui devient propriétaire de tout l'actif social et débiteur de tout le passif, indépendamment de la personne des associés, qui n'ont droit qu'au partage de l'actif net liquidé après la dissolution de la société. Dans la communauté, ou indivision, chacun des communistes est, au contraire, copropriétaire de l'actif commun et codébiteur du passif, proportionnellement à son droit dans la communauté ; or, il est arrivé qu'une société régulièrement constituée, étant arrivée à son terme, n'a pas été renouvelée dans la forme prescrite par la loi du 24 juillet 1867, quoique ses opérations et son existence matérielle de fait, aient été continuées par les associés.

L'état de société fut ainsi remplacé par un état de communauté ; dans cetétat survint le décès de l'un des associés qui n'était plusque communiste, l'actif commun se composait de valeurs de banques arrivant à un chiffre considérable, mais le passif ne laissait qu'un actif net d'une valeur minime.

L'Administration ne s'est pas contentée de percevoir le droit sur cet actif net, elle l'a demandé sur l'actif brut, sans déduction des charges, en vertu de l'art. 14, nº 8, de la loi du 22 frimaire, et sa prétention a été consacrée par un arrêt de la Cour de cassation en date du 29 janvier 1881.

La différence à payer pour les héritiers a été de plus de deux millions quatre cent mille francs. S'ils avaient connu le résultat de leur acceptation, ils auraient certainement renoncé à la succession.

Tels sont les principes du droit fiscal en matière de succession, dont il serait nécessaire de vulgariser la connaissance par un enseignement qui apprendrait, à tous ceux qui y ont intérêt, les obligations que leur impose le droit fiscal, en même temps que celles résultant du droit civil, qui malheureusement, est le seul en évidence.

Indépendamment des droits de mutation auxquels est assujettie l'ouverture des successions, l'Administration est autorisée par l'art. 28, à fixer la quotité des droits à payer pour chaque acte à enregistrer, et l'art. 60 n'autorise les parties à en demander la restitution qu'autant qu'ils auraient été irrégulièrement perçus, et en contravention aux règles de la loi fiscale.

Le savant traité de MM. Championnière et Rigaud, soumet la régularité de la perception aux règles suivantes :

1° Le droit d'enregistrement n'est exigible sur une disposition, qu'autant que la quotité en est expressément déterminée par la loi ;

2° Le droit, sur une convention tarifée, n'est exigible qu'autant que la convention est parfaite ;

3° Le droit n'est dû que sur une stipulation dont l'effet est actuel ;

4° Une même disposition ne peut donner lieu qu'à un seul droit.

Le véritable caractère d'un acte ne dépend pas de la qualification qui lui est donnée, mais des effets qu'il doit produire ; c'est ainsi que l'Administration a refusé par plusieurs instructions générales, de reconnaître le caractère de bail au traité par lequel le concessionnaire d'une mine constituée en conformité de la loi 1810, en cède à un entrepreneur l'exploitation pendant un temps limité ; elle y voit, avec raison, une vente des minerais à extraire, par la raison que la nature du bail est d'obliger le preneur à rendre la chose affermée telle qu'il l'a reçue, tandis que le traité en question transfère, à l'exploitant, la propriété de tout ce qui est exploité et réduit ainsi le capital de la mine à ce qui resterait à l'expiration du terme. C'est donc avec raison qu'elle a donné à ce traité le caractère de vente de matériaux et qu'elle a exigé le droit proportionnel de 2 0/0, sur le prix à payer par l'entrepreneur.

L'Administration est donc autorisée à interpréter la nature de chaque contrat, mais elle ne peut le faire contrairement aux articles 1104, 1105, 1106, « qui ont précisé le caractère des contrats à titre commutatif, à titre gratuit et à titre onéreux et d'autre part, cette interprétation doit avoir lieu au profit du débiteur et contre le créancier, dans le cas où il y a doute, aux termes de l'art. 1162 du Code civil.

De la loi de 1810 sur les mines et de l'interprétation donnée par l'administration à la nature du traité qui en concède l'exploitation pendant un temps déterminé, l'administration n'aurait-elle pas dû conclure que la taxe du 3 0/0, établie sur le revenu des valeurs mobilières, ne pouvait pas être appliquée à l'exploitation des mines, soit parce que la loi de 1810 les qualifie d'immeubles, soit parce qu'elles ne produisent aucun revenu, soit parce que la substance en est graduellement diminuée, et en définitive épuisée par l'exploitation, soit enfin parce que la contribution directe, imposée sur le produit direct de l'exploitation, ne permet pas de la soumettre à une nouvelle taxe ayant le caractère de contribution indirecte ?

Cette question est actuellement soumise à la Cour de cassation, par le pourvoi de la Société du Creusot, contre le jugement du Tribunal de Saint-Etienne.

Suite de l'Exposé des Dispositions de la loi de Frimaire.

Le titre VI, indique les peines pour défaut d'enregistrement des actes et déclarations dans les délais et de celles portées relativement aux omissions, aux fausses estimations et aux contre-lettres.

Le titre VII indique les obligations aux divers fonctionnaires.

Le titre VIII, indique les délais pour l'acquisition de la prescription.

Ils ont été modifiés par des lois postérieures.

Le titre IX, règle le mode des poursuites et des instances qui en sont la conséquence.

Si les articles 28 et 63 accordent à l'administration l'initiative de la perception, l'art. 65 saisit exclusivement les Tribunaux de première instance du droit de prononcer sur la régularité des perceptions.

Le titre X détermine la fixation des droits.

L'art. 68 indique les actes soumis aux droits fixes; ils sont au nombre de 77.

L'art. 69 définit ceux qui sont soumis aux droits proportionnels; ils sont au nombre de 39.

Tous les actes ainsi désignés sont ceux dont les effets sont réglés par le droit civil.

La distinction, entre ceux soumis aux droits fixes et ceux soumis aux droits proportionnels, dépend de leur caractère translatif, ou simplement déclaratif. Le droit fiscal admet que le prêt de consommation, que les quittances qui libèrent le débiteur, sont des actes translatifs de propriété, par la raison que le prêteur, qui se dessaisit de son argent, en transmet la propriété à l'emprunteur et qu'il en est de même relativement au prêteur, lorsque le débiteur lui rend la somme empruntée; mais d'après le droit fiscal, il n'y a pas de transmission à l'égard des tuteurs, des curateurs, des dépositaires publics, des mandataires et autres administrateurs du bien d'autrui, par la raison que la simple administration n'enlève pas la propriété des sommes reçues à ceux pour lesquels en est opéré le paiement.

Tel est le motif qui a fait distinguer les simples décharges des quittances opérant la libération des débiteurs.

La définition du caractère et des effets de tous les actes soumis à l'enregistrement et qui sont compris dans la longue énumération contenue dans les art. 68 et 69, dépend essentiellement de l'interprétation du droit civil. Ce principe est confirmé par l'art. 65 qui confère, aux Tribunaux civils, la fixation du droit à percevoir en exécution de l'art. 1er, de juger, en dernier ressort, les questions difficiles que nous avons indiquées, et toutes celles qui peuvent surgir.

Il est donc vrai de dire que toutes ces questions font partie du droit civil et de son enseignement. Pourquoi l'enseignement du droit fiscal est-il complètement négligé dans les Facultés de droit? S'il était vulgarisé, comme l'étude du droit civil, les parties ne seraient plus soumises à l'arbitraire de l'administration fiscale et aux fausses interprétations qu'elle propage notamment en matière du privilège qu'elle s'attribue, contrairement au célèbre arrêt de 1857.

Titre XI.

Le titre XI, désigne les actes qui doivent être enregistrés en débet ou gratis, et ceux qui sont exempts de la formalité de l'enregistrement.

De ce nombre sont :

1° Les acquisitions et échanges faits par la République; 2° les partages des biens entre elle et des particuliers, et tous autres actes faits à ce sujet.

Or le droit à la propriété des biens sans maîtres, et de ceux auxquels l'Etat succède par voie de déshérence, est un moyen d'acquérir la propriété, suivant le livre IIIe du Code civil.

Le titre XII, prononce l'abrogation de toutes les lois rendues sur les droits de l'enregistrement, et toutes dispositions d'autres lois y relatives, antérieures à celles du 22 frimaire.

Cette dernière loi a été suivie de plusieurs autres qui ont modifié les tarifs des droits de timbre et d'enregistrement.

Celle du 28 avril 1816 a transporté au bureau d'enregistrement la perception du droit de transcription dans tous les cas où les actes enregistrés sont soumis à cette formalité.

Elle a autorisé les notaires à rappeler dans un acte postérieur par eux reçu, un acte antérieur également par eux reçu, à la charge de les présenter tous deux en même temps à la formalité de l'enregistrement.

Cette faculté a été étendue, par la loi du 16 juin 1824, aux actes sous-seings privés énoncés dans un acte notarié, à la condition qu'ils y demeureraient annexés et qu'ils seraient enregistrés en même temps.

Mais l'énonciation d'actes passés en pays étrangers ou dans les colonies, n'est permise qu'à la charge de l'enregistrement préalable de ces actes, moyennant le même droit que s'ils avaient été passés en France.

La loi du 18 mai 1850 a soumis les transmissions de biens meubles à titre gratuit ou par succession, au même droit que celles des biens immeubles ; elle a modifié la durée du temps nécessaire pour acquérir la prescription, et soumis aux droits de donation entre vifs, les reconnaissances de dons manuels par le donataire et celles effectuées en jugement.

La loi du 28 avril 1816, contenait la disposition suivante, art. 57 :

« Lorsqu'après une sommation extra-judiciaire ou une demande tendant à obtenir un paiement, une livraison ou l'exécution de tout autre convention dont le titre n'aurait point été indiqué dans lesdits exploits, ou qu'on aura simplement énoncée comme verbale, on produira, aux cours d'instance, des écrits, billets, marchés, factures acceptées, lettres ou tout autre titre émané du défendeur, qui n'auraient pas été enregistrés avant ladite demande ou sommation, le double droit sera dû et pourra être exigé ou perçu, lors de l'enregistrement du jugement intervenu. »

Dans ce cas le double droit était perçu sur l'ensemble des dispositions contenues dans le traité présenté.

Cette rigueur a été modifiée par les articles 22, 23, 24, de la loi du 11 juin 1859, qui a donné aux parties la faculté suivante : « Les marchés ou traités réputés actes de commerce par les articles 632, 633, 634, n° 1 du Code de commerce, et faits sous signatures privées, peuvent être enregistrés provisoirement au droit fixe, sauf perception du droit proportionnel, lorsqu'un jugement portant condamnation, collocation, liquidation ou reconnaissance, intervient sur ces marchés et traités, ou qu'un acte public est fait et rédigé en conséquence, mais seulement sur la portion du prix, ou des sommes faisant l'objet du jugement ou de l'acte public.

Cette loi qui présentait l'avantage immense de ne payer le droit proportionnel que sur la partie des marchés qui étaient suivis d'un jugement ou de l'acte public, sous la condition de l'enregistrement préalable, moyennant un droit fixe très minime, paraît ignorée dans la pratique des affaires où l'on continue à qualifier, de convention verbale, des traités importants, et à exposer les parties qui négligent l'enregistrement préalable à payer un droit proportionnel dépassant ordinairement l'importance du litige.

Loi du 28 février 1872.

La loi du 22 frimaire n'avait créé que deux espèces de droit d'enregistrement, savoir : les droits fixes et les droits proportionnels. La loi nouvelle y a ajouté une troisième espèce qui, sous le titre de droit fixe gradué ne serait cependant ni un droit fixe, ni un droit proportionnel.

A cette innovation la loi nouvelle a ajouté relativement aux cessions de fonds de commerce les dispositions suivantes : « Les mutations de propriété à titre onéreux de fonds de commerce ou de clientèles sont soumis à un droit d'enregistrement de 2 0/0 Ce droit est perçu sur le prix de la vente de l'achalandage, de la cession du droit au bail, et des objets mobiliers ou autres, servant à l'exploitation du fonds, à la seule exception des marchandises neuves garnissant le fonds. Ces marchandises ne seront assujetties qu'à un droit de 50 c. par 100 fr. à condition qu'il sera stipulé pour elles un prix particulier, et qu'elles seront désignées et estimées, article par article, dans le contrat ou dans la déclaration ».

L'instruction explicative de cette loi contient la distinction suivante : « La cession du droit au bail ne doit pas être confondue avec la cession du bail. Cette dernière, n'est, en effet, que la substitution pure et simple d'un locataire à un autre, et elle est assujettie, en conséquence au droit de 20 c. 0/0. La cession du droit au bail, au contraire, est une véritable vente d'un droit incorporel dont le prix doit servir de base à la perception d'un droit de 2 0/0 ».

Cette instruction a pour conséquence de distinguer la cession du droit au bail de la cession du bail, d'y voir deux contrats d'une nature différente dont le premier serait soumis à un droit proportionnel de 2 0/0 et le second à un droit de 20 c. 0/0 seulement. Ces deux perceptions s'appliquant à des dispositions déclarées indépendantes et ne dérivant pas nécessairement l'une de l'autre, autoriseraient le cumul de deux droits proportionnels distincts sur la même transmission en conformité de l'art. 11 de la loi du 22 frimaire au VII.

Il paraîtra sans doute difficile à la doctrine d'adopter une pareille distinction et de voir deux choses diffférentes dans une pareille stipulation qui seraient soumises à deux droits d'une nature entièrement différente ; mais elle y reconnaîtra la manifestation de la toute puissance de la loi.

Loi du 24 juillet 1867.

Art. 1er. — « Les Sociétés en commandite ne peuvent diviser leur capital en actions ou coupons d'actions de moins de 100 fr., lorsque ce capital n'excède pas 200,000 fr. et de moins de 500 fr. lorsqu'il est supérieur. Elles ne peuvent être définitivement constituées qu'après la souscription de la totalité du capital social et le versement, par chaque actionnaire, du quart au moins du montant des actions par lui souscrites. Cette souscription et ces versements sont constatés par une déclaration du gérant dans un acte notarié. A cette déclaration sont annexés la liste des souscripteurs, l'état des versements effectués, l'un des doubles de l'acte de Société, s'il est sous-seing privé, et une expédition s'il est notarié et s'il a été passé devant un notaire autre que celui qui a reçu la déclaration. L'acte sous-seing privé, quel que soit le nombre des associés sera fait en double original, dont l'un sera annexé, comme il est dit au paragraphe qui précède, à la déclaration de souscription du capital et du versement du quart, et l'autre restera déposé au siège social ».

Dans la pratique, il arrive ordinairement que les fondateurs d'une Société avant sa constitution ne sont pas encore pourvus du matériel nécessaire pour recevoir le versement du premier quart des actions souscrites et qu'ils indiquent aux souscripteurs une maison de banque qui aura mission d'en faire l'encaissement ; que sur l'attestation de cette maison de banque que le premier quart a été versé, la Société est ensuite constituée dans la forme prescrite par la loi du 24 juillet 1867, qui exige un acte notarié constatant les versements. Cet acte notarié est nécessairement soumis à l'enregistrement, et dans le cas où l'encaissement a été confié à une maison de banque, l'attestation du versement devient un des éléments constitutifs de la Société. Ne doit-elle pas avoir le caractère d'une disposition dépendant de la formation de la Société et ne pouvant donner lieu à la perception d'un droit d'enregistrement proportionnel indépendamment de celui perçu ou à percevoir sur la constitution de la Société elle-même, dont il n'est qu'une condition dépendante.

Cette grave question avait été résolue par le Tribunal de Lyon dans le sens que l'attestation constituait un acte indépendant de la constitution de la Société et qu'il devait être soumis au droit proportionnel de 1 0/0 en conformité de l'art. 69 § 3 n° 3 de la loi du 22 frimaire an VII.

Mais le pourvoi contre ce jugement a été admis par arrêt de la chambre des requêtes, qui établit ainsi une présomption favorable à la doctrine que le versement fait dans une maison de banque étrangère aux fondateurs est en réalité une des conditions dépendantes de la constitution de la Société et qu'elle ne peut donner lieu à la perception d'un droit spécial en dehors de celui perçu sur l'acte de constitution.

Une législation spéciale a été intoduite sur les actions et obligations des Sociétés financières et industrielles qui ont été soumises, d'abord au droit de timbre, puis à celui de transmission, dont le chiffre varie suivant qu'elles sont nominatives ou au porteur.

A la différence des autres valeurs mobilières, ce droit est exigible sur chaque transmission constatée en ce qui concerne les titres nominatifs, et à une taxe annuelle à l'égard des titres au porteur. Enfin l'énonciation dans un acte sous-seing privé de titres non cotés à la Bourse et de ceux des fonds d'Etats étrangers, donne lieu à une amende de 5 0/0 de la valeur des titres, si elle ne rappelle pas textuellement la perception antérieure de droit de timbre. — Il n'y a d'exception à cette obligation que pour les inventaires.

Mais ces titres restent soumis, en cas de transmission à titre gratuit ou par décès, aux mêmes droits proportionnels que les autres valeurs ainsi transmises, avec cette différence, néanmoins, que sur leur valeur, constatée par le cours de la Bourse, il est fait déduction des sommes restant à payer pour leur libération définitive.

Il est à remarquer que, quoique la perception en soit confiée à l'Administration de l'enregistrement, cette taxe n'est pas considérée comme faisant partie du droit d'enregistrement, ni soumise à la même prescription; que l'Administration de l'enregistrement prétend même que la prescription quinquennale appliquée par l'art. 2277, aux sommes exigibles par année, n'atteint pas cette taxe, dont le paiement ne serait soumis qu'à la prescription trentenaire.

Loi sur le Timbre, du 13 brumaire, an VII.

ART. 1er. — La contribution du timbre est établie sur tous les papiers destinés aux actes civils et judiciaires et aux écritures qui peuvent être produites en justice et y faire foi.

Il est de deux natures :

1° Le timbre proportionnel à la valeur des obligations et effets de commerce dont le chiffre est de 50 cent. par mille ;

2° Celui de dimension destiné à tous les autres actes.

ART. 2. — La contravention à l'obligation du timbre proportionnel est punie d'une amende de 6 0/0, à la charge de chaque partie, soit 12 0/0.

Quant à tous les autres actes soumis au timbre de dimension, la contravention est punie d'une amende fixe dont le chiffre est de 60 fr.

Une dernière loi en date du 23 août 1871, a créé un timbre spécial d'une valeur de 10 cent., pour toute quittance de somme excédant 10 fr. La contravention à l'obligation résultant de cette loi est punie d'une amende de 50 fr.

Telle est l'analyse de la législation finale qui nous régit.

Conclusions.

Tous les actes énumérés dans les art. 68 et 69 de la loi du 22 frimaire, an VII, ont conservé sous l'empire de la législation qui lui a succédé, la même dénomination et le même caractère qu'ils avaient auparavant.

La loi civile définit le caractère des actes réputés commutatifs, à titre gratuit ou à titre onéreux ; elle s'occupe ensuite des actes contenant obligation, libération, cession, subrogation, transaction, puis des actes purement récognitifs ou déclaratifs d'un droit préexistant. Elle en définit le caractère. Sous ce rapport, il est vrai de dire que le droit civil est la base du droit fiscal qui n'en est que la conséquence immédiate et nécessaire.

Les obligations qu'il impose aux parties contractantes se lient nécessairement aux obligations qu'elles contractent entre elles.

Il est donc indispensable de connaître et d'enseigner les obligations naissant du droit fiscal, tout aussi bien que celles dérivant du droit civil. Cette connaissance est surtout nécessaire à l'égard des successions dont l'acceptation peut avoir pour effet d'obliger les héritiers au paiement, non seulement des dettes héréditaires contractées par le *de cujus*, mais encore de droits de mutation, dont le chiffre peut dépasser la valeur de l'actif net. Ainsi cela est arrivé dans l'espèce jugée par la Cour de cassation, le 29 janvier 1881.

Les créanciers des successions sont également intéressés à la solution des questions que soulèvent les prétentions de l'Administration.

L'Administration peut-elle exercer à leur préjudice un privilége ou une simple concurrence ?

La séparation des patrimoines, autorisée par l'art. 878 du Code civil, leur donne-t-elle, au contraire, un droit de préférence à l'Administration de l'enregistrement qui, aux termes de l'art. 32 de la loi du 22 frimaire an VII, n'est réputée créancière que des héritiers?

Les droits de mutation sont-ils une dette de la succession, ainsi que l'a jugé la Cour de cassation, par arrêt du 2 juin 1869, ou bien une dette personnelle aux héritiers, ainsi que l'ont jugé deux arrêts de la même Cour en date des 23 et 24 juin 1857?

L'action de l'Administration sur les revenus des biens à déclarer, telle qu'elle est limitée par l'avis du Conseil d'Etat du 2 septembre 1810, a-t-elle le caractère d'un privilège, ou n'a-t-elle d'autre effet que celui de l'action de tout créancier sur les biens de son débiteur?

La solution de toutes ces questions si importantes et de toutes celles qui peuvent naître de l'interprétation des contrats, dépend évidemment du droit civil.

Pourquoi l'enseignement du rapport du droit fiscal avec le droit civil y demeure-t-il étranger?

Ces considérations nous déterminent à proposer que l'enseignement du droit fiscal soit réuni à celui du droit civil, et que l'exposition des règles spéciales à chaque contrat soit suivie de celles auxquelles sa nature doit donner lieu à l'application du droit fiscal.

MM. les Professeurs trouveraient dans le savant traité de MM. Championnière et Rigaud, dans le *Dictionnaire de l'Enregistrement*, dans celui de la *Perception*, de M. Géraud, publié en 1880, dans le *Dictionnaire* et dans la *Revue du Notariat*, ainsi que dans d'autres livres spéciaux aux matières de l'enregistrement, le moyen de compléter cet enseignement ; ils pourraient toujours soumettre les doctrines qui y sont contenues à l'examen critique d'une logique éclairée par la connaissance des règles du droit civil.

Cet enseignement aurait pour but et pour effet de vulgariser la connaissance trop ignorée du droit fiscal, de prévenir les négligences et les actes imprudents, dont une Administration vigilante est toujours prête à profiter dans l'intérêt du Trésor et d'indiquer aux parties intéressées le moyen de résister parfois aux interprétations inexactes du droit civil, dont MM. les employés supérieurs de l'enregistrement pourraient abuser.

En général, la perception des droits d'enregistrement doit être soumise aux effets que les actes doivent produire d'après la loi civile ; mais il faut reconnaître que la loi fiscale s'écarte de cette règle à l'égard des actes dont la loi civile ne reconnaît pas la validité ; il y a entre les deux législations une opposition manifeste. La loi civile n'accorde aucun effet aux actes consommés contrairement à ses prescriptions, il en est ainsi à l'égard de la vente consentie *a non domino*, de la donation qui soumettrait les donataires à payer des dettes du donateur autres que celles existant au jour de la donation, des transmissions de propriété ou obligations consenties par des incapables et des autres actes dont la nullité radicale ou relative est prononcée par la loi civile. Tous ces actes auxquels cette loi refuse de produire aucun effet sont néanmoins soumis malgré leur irrégularité à la perception du droit proportionnel qui ne devrait être que le prix de la garantie, que la loi leur accorderait s'ils étaient valables. La loi fiscale ne s'occupe que de l'apparence des contrats sans égard à leur validité; suivant elle le contrat consenti par un incapable ayant l'apparence d'un contrat sérieux est soumis au même droit proportionnel que celui conclu entre parties capables; elle va même jusqu'à considérer comme opérant une transmission nouvelle la convention résolutoire d'un acte radicalement nul, si cette résolution n'est pas prononcée judiciairement. Elle n'accepte de cette rigueur que les actes imparfaits pour défaut de signature de l'une des parties contractantes, ou pour défaut d'acceptation par le donataire de la donation faite par le donateur.

Telle est, en effet, la jurisprudence administrative attestée au mot « nullité des actes », dans le dictionnaire de l'Enregistrement publié en 1829, dans le répertoire de Garnier, dans le dictionnaire de la perception et dans le Traité des droits d'Enregistrement de MM. Championnière et Rigaud qui ne l'approuvent pas.

Mais sauf cette différence capitale entre les contrats régulièrement établis et ceux dont la validité n'est pas reconnue par le droit civil, la perception est soumise aux règles de ce droit; ainsi les droits de transmission de propriété à titre gratuit ou à titre onéreux et ceux qui créent obligation ou libération ne sont exigibles qu'autant que les actes opèrent en réalité transmission, obligation ou libération.

Lyon.— Impr. Mougin-Rusand, rue Stella, 3

www.ingramcontent.com/pod-product-compliance
Ingram Content Group UK Ltd.
Pitfield, Milton Keynes, MK11 3LW, UK
UKHW020417220726
13923UKWH00005B/2002

9 782019 249755